AF602342

A

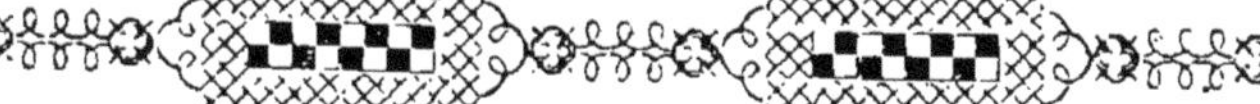

TESTAMENT

DE

LOUIS XVI,

ET

LETTRE

DE LA REINE.

PARIS,

Chez GRUEL-DEFORGE, Relieur,

8, rue Royale Saint-Honoré.

IMPRIMERIE DE BELIN ET COMP., 55, RUE SAINTE-ANNE.

TESTAMENT

DE

LOUIS XVI.

Au nom de la Très-Sainte Trinité, du Père, du Fils et du Saint-Esprit, aujourd'hui vingt-cinq décembre mil sept cent quatre-vingt-douze. Moi, Louis, XVI du nom, roi de France, étant depuis plus de quatre mois enfermé avec ma famille, dans la tour du Temple, à Paris, par ceux qui étaient mes sujets, et privé de toutes communications quelconques, même, depuis le onze du courant, avec ma famille; de plus impliqué dans un procès, dont il est impossible de prévoir l'issue, à cause des passions des hommes, et dont on ne trouve aucun prétexte ni moyen dans aucune loi existante, n'ayant que Dieu pour témoin de mes pensées, et auquel je puisse m'adresser, je déclare ici en sa présence mes dernières volontés et mes sentiments.

Je laisse mon âme à Dieu, mon créateur. Je le prie de la recevoir dans sa miséricorde, et de ne pas la juger d'après ses mérites, mais par ceux de notre Seigneur Jésus-Christ, qui s'est offert en sacrifice à Dieu son père, pour nous autres hommes, quelque indignes que nous en fussions, et moi le premier.

Je meurs dans l'union de notre Sainte-Mère l'Église catholique, apostolique et romaine, qui tient ses pouvoirs, par une succession non interrompue, de Saint-Pierre, auquel Jésus-Christ les avait confiés. Je crois fermement et je confesse tout ce qui est contenu dans le symbole et les commandements de Dieu et de l'Église, les sacrements et les mystères, tels que l'Église catholique nous les enseigne et les a toujours enseignés. Je n'ai jamais prétendu me rendre juge dans les différentes manières d'expliquer les dogmes, qui déchirent l'église de Jésus-Christ; mais je m'en suis rapporté et m'en rapporterai toujours, si Dieu m'accorde vie, aux décisions que les supérieurs ecclésiastiques, unis à la sainte église catholique, donnent et donneront conformément à la discipline de l'Église, suivie depuis Jésus-Christ. Je plains de tout mon cœur nos frères qui peuvent être dans l'erreur, mais je ne prétends pas les juger, et je ne les aime pas moins tous en Jésus-Christ, suivant ce que la charité chrétienne nous enseigne.

Je prie Dieu de me pardonner tous mes péchés. J'ai cherché à les connaître scrupuleusement, à les détester et à m'humilier en sa présence. Ne pouvant me servir du ministère d'un prêtre catholique, je prie Dieu de recevoir la confession que je lui en ai faite, et surtout le repentir profond que j'ai d'avoir mis mon nom (quoique cela fût contre ma volonté) à des actes qui peuvent être contraires à la discipline et à la croyance de l'Église catholique, à laquelle je suis toujours resté sincèrement uni de cœur. Je prie Dieu de recevoir la ferme résolution où je suis, s'il m'accorde vie, de me servir, aussitôt que je le pourrai, du ministère d'un prêtre catholique pour m'accuser de tous mes péchés, et recevoir le sacrement de pénitence.

Je prie tous ceux que je pourrais avoir offensés par inadvertance (car je ne me rappelle pas d'avoir fait sciemment aucune offense à personne), ou ceux à qui j'aurais pu avoir donné de mauvais exemples ou des scandales, de me pardonner le mal qu'ils croient que je peux leur avoir fait.

Je prie tous ceux qui ont de la charité

d'unir leurs prières aux miennes pour obtenir de Dieu le pardon de mes péchés.

Je pardonne de tout mon cœur à ceux qui se sont faits mes ennemis, sans que je leur en aie donné aucun sujet, et je prie Dieu de leur pardonner, de même qu'à ceux qui, par un faux zèle ou par un zèle mal-entendu, m'ont fait beaucoup de mal.

Je recommande à Dieu ma femme et mes enfants, mes sœurs, mes tantes, mes frères, et tous ceux qui me sont attachés par les liens du sang, ou par quelque autre manière que ce puisse être. Je prie Dieu particulièrement de jeter des yeux de miséricorde sur ma femme, mes enfants et ma sœur, qui souffrent depuis long-temps avec moi; de les soutenir par sa grâce, s'ils viennent à me perdre, et tant qu'ils resteront dans ce monde périssable.

Je recommande mes enfants à ma femme : je n'ai jamais douté de sa tendresse maternelle pour eux ; je lui recommande surtout d'en faire de bons chrétiens et d'honnêtes hommes ; de ne leur faire regarder les grandeurs de ce monde-ci (s'ils sont condamnés à les éprouver) que comme des biens dangereux et périssables, et de tourner leurs regards vers la seule gloire solide et durable de l'éternité. Je prie ma sœur de vouloir bien continuer sa tendresse à mes enfants, et de leur tenir lieu de mère, s'ils avaient le malheur de perdre la leur.

Je prie ma femme de me pardonner tous les maux qu'elle souffre pour moi, et les chagrins que je pourrais lui avoir donnés dans le cours de notre union ; comme elle peut être sûre que je ne garde rien contre elle, si elle croyait avoir quelque chose à se reprocher.

Je recommande bien vivement à mes enfants, après ce qu'ils doivent à Dieu, qui doit marcher avant tout, de rester toujours unis entre eux, soumis et obéissants à leur mère, et reconnaissants de tous les soins et les peines qu'elle se donne pour eux et en mémoire de moi. Je les prie de regarder ma sœur comme une seconde mère.

Je recommande à mon fils, s'il avait le malheur de devenir roi, de songer qu'il se doit tout entier au bonheur de ses concitoyens; qu'il doit oublier toute haine et tout ressentiment, et nommément tout ce qui a rapport aux malheurs et aux chagrins que j'éprouve; qu'il ne peut faire le bonheur des peuples qu'en régnant suivant les lois; mais en même temps qu'un roi ne peut les faire respecter, et faire le bien qui est dans son cœur, qu'autant qu'il a l'autorité nécessaire, et qu'autrement, étant lié dans ses opérations et n'inspirant point de respect, il est plus nuisible qu'utile.

Je recommande à mon fils d'avoir soin de toutes les personnes qui m'étaient attachées, autant que les circonstances où il se trouvera lui en donneront les facultés;

de songer que c'est une dette sacrée que j'ai contractée envers les enfants ou les parents de ceux qui ont pu périr pour moi; ensuite, de ceux qui sont malheureux pour moi. Je sais qu'il y a plusieurs personnes, de celles qui m'étaient attachées, qui ne se sont pas conduites envers moi comme elles le devaient, et qui ont même montré de l'ingratitude; mais je leur pardonne (souvent, dans les moments de trouble et d'effervescence, on n'est pas le maître de soi), et je prie mon fils, s'il en trouve l'occasion, de ne songer qu'à leur malheur.

Je voudrais pouvoir témoigner ici ma reconnaissance à ceux qui m'ont montré un attachement véritable et désintéressé. D'un côté, si j'étais sensiblement touché de l'ingratitude et de la déloyauté de ceux à qui je n'avais jamais témoigné que des bontés, à eux et à leurs parents ou amis; de l'autre, j'ai eu de la consolation à voir l'attachement et l'intérêt gratuit que beaucoup de personnes m'ont montrés ; je les prie d'en recevoir tous mes remercîments. Dans la situation où sont encore les choses, je craindrais de les compromettre si je parlais plus explicitement ; mais je recommande spécialement à mon fils de chercher les occasions de pouvoir les reconnaître. Je croirais calomnier cependant les sentiments de la nation, si je ne recommandais ouvertement à mon fils MM. de Chamilly et Hue, que leur véritable attachement pour moi avait portés à s'enfermer avec moi dans ce triste séjour, et qui ont pensé en être les malheureuses victimes. Je lui recommande aussi Cléry, des soins duquel j'ai eu tout lieu de me louer depuis qu'il est avec moi. Comme c'est lui qui est resté avec moi jusqu'à la fin, je prie Messieurs de la Commune de lui remettre mes hardes, mes livres, ma montre, ma bourse et les autres petits effets qui ont été déposés au conseil de la Commune.

Je pardonne encore très-volontiers, à ceux qui me gardaient, les mauvais traitements et les gênes dont ils ont cru devoir user envers moi. J'ai trouvé quelques âmes sensibles et compatissantes; que celles-là jouissent dans leur cœur de la tranquillité que doit leur donner leur façon de penser.

Je prie MM. de Malesherbes, Tronchet et Desèze, de recevoir ici tous mes remercîments et l'expression de ma sensibilité pour tous les soins et les peines qu'ils se sont donnés pour moi.

Je finis en déclarant devant Dieu, et prêt à paraître devant lui, que je ne me reproche aucun des crimes qui sont avancés contre moi.

MDCCLXXXXIII.

Signé :

LOUIS.

LETTRE DE LA REINE.

C'est à vous, ma sœur, que j'écris pour la dernière fois; je viens d'être condamnée, non pas à une mort honteuse, elle ne l'est que pour les criminels; mais à aller rejoindre votre frère. Comme lui innocente, j'espère montrer la même fermeté que lui dans ces derniers moments. Je suis calme comme on l'est quand la conscience ne reproche rien. J'ai un profond regret d'abandonner mes pauvres enfants; vous savez que je n'existais que pour eux et vous, ma bonne et tendre sœur; vous qui avez, par votre amitié, tout sacrifié pour être avec nous. Dans quelle position je vous laisse! J'ai appris, par le plaidoyer même du procès, que ma fille était séparée de vous. Hélas! la pauvre enfant, je n'ose pas lui écrire; elle ne recevrait pas ma lettre. Je ne sais même pas si celle-ci vous parviendra. Recevez pour eux deux, ici, ma bénédiction; j'espère qu'un jour, lorsqu'ils seront plus grands, ils pourront se réunir avec vous, et jouir en entier de vos tendres soins.

Qu'ils pensent tous deux à ce que je n'ai pas cessé de leur inspirer: que les principes et l'exécution exacte de ces devoirs sont la première base de la vie; que leur amitié et leur confiance mutuelle en feront le bonheur; que ma fille sente qu'à l'âge qu'elle a, elle doit toujours aider son frère par les conseils que l'expérience qu'elle aura de plus que lui et son amitié pourront lui inspirer; que mon fils, à son tour, rende à sa sœur tous les soins, les services que l'amitié peut inspirer; qu'ils sentent enfin, tous deux, que, dans quelque position où ils pourront se trouver, ils ne seront vraiment heureux que par leur union; qu'ils prennent exemple de nous : combien, dans nos malheurs, notre amitié nous a donné de consolation! Et, dans le bonheur, on jouit doublement quand on peut le partager avec un ami; et où en trouver de plus tendre, de plus cher, que dans sa propre famille? Que mon fils n'oublie jamais les derniers mots de son père, que je lui répète expressément: *qu'il ne cherche jamais à venger notre mort.*

J'ai à vous parler d'une chose bien pénible à mon cœur; je sais combien cet enfant doit vous avoir fait de la peine; pardonnez-lui, ma chère sœur; pensez à l'âge qu'il a, et combien il est facile de faire dire à un enfant ce qu'on veut, et même ce qu'il ne comprend pas. Un jour viendra, j'espère, où il ne sentira que mieux tout le prix de vos bontés et de votre tendresse pour tous deux; il me reste à vous confier encore mes dernières pensées. J'aurais voulu les écrire dès le commencement du procès; mais, outre qu'on ne me laissait pas écrire, la marche en a été si rapide que je n'en aurais pas réellement eu le temps.

Je meurs dans la religion catholique, apostolique et romaine, dans celle de mes pères, dans celle où j'ai été élevée et que j'ai toujours professée; n'ayant aucune consolation spirituelle à attendre, ne sachant pas s'il existe encore ici des prêtres de cette religion, et même le lieu où je suis les exposerait trop, s'ils y entraient une fois.

Je demande sincèrement pardon à Dieu de toutes les fautes que j'ai pu commettre depuis que j'existe. J'espère que, dans sa bonté, il voudra bien recevoir mes derniers vœux, ainsi que ceux que je fais depuis long-temps pour qu'il veuille bien recevoir mon âme dans sa miséricorde et sa bonté. Je demande pardon à tous ceux que je connais, et à vous, ma sœur, en particulier, de toutes les peines que, sans le vouloir, j'aurais pu vous causer ; je pardonne à tous mes ennemis le mal qu'ils m'ont fait. Je dis ici adieu à mes tantes et à tous mes frères et sœurs. J'avais des amis ; l'idée d'en être séparée pour jamais et leurs peines sont un des plus grands regrets que j'emporte en mourant ; qu'ils sachent du moins que, jusqu'à mon dernier moment, j'ai pensé à eux. Adieu, ma bonne et tendre sœur ; puisse cette lettre vous arriver ! Pensez toujours à moi ; je vous embrasse de tout mon cœur, ainsi que ces pauvres et chers enfants. Mon dieu ! qu'il est déchirant de les quitter pour toujours ! Adieu ! Adieu ! Je ne vais plus m'occuper que de mes devoirs spirituels. Comme je ne suis pas libre dans mes actions, on m'amènera peut-être un prêtre ; mais je proteste ici que je ne lui dirai pas un mot, et que je le traiterai comme un être absolument étranger.

Signé :

MARIE-ANTOINETTE.

Le XVI Octobre MDCCLXXXXIII.

BIBLIOTHEQUE ROYALE

www.ingramcontent.com/pod-product-compliance
Ingram Content Group UK Ltd.
Pitfield, Milton Keynes, MK11 3LW, UK
UKHW022209190726
13855UKWH00004B/1675

9 782013 242110